Kuji-In para Todos

Un entrenamiento Espiritual Antiguo
Adaptado a nuestro Mundo Moderno

F.Lepine Publishing

© François Lépine, 2006
ISBN: 978-1-926659-30-5

www.KUJIIN.com

Tabla de Contenidos

Introducción 5
La Técnica 9
Paso 1: Confianza 19
Paso 2: Responsibilidad 27
Paso 3: Armonía 37
Paso 4: Poder 45
Paso 5: Valor 53
Paso 6: Entendimiento 59
Paso 7: Percepción 63
Paso 8: Creatividad 67
Paso 9: Paz 68
Conclusión 71

Introducción

Entrenamiento Mental Probado por el Tiempo

Desde el origen de los tiempos, los hombres han buscado perfeccionar su potencial en todos los campos. Este interés natural hacia la mejora personal normalmente aplicado a los atributos físicos, ha conducido a los hombres a utilizar todas las técnicas conocidas para llegar a ser más fuertes, más rápidos, más ágiles, con el fin de ganar cuando comparan sus tesoros corporales ante las masas de admiradores con tendencias críticas. Con el tiempo, no sólo los guerreros y atletas competían, sino que de una manera más sutil, también los artistas y los comerciantes.

Se ha sabido, sobre todo entre bastidores, que los atletas que combinan un entrenamiento mental con su rutina física habitual obtienen mejores resultados mucho más rápido que otros atletas, incluso cuando se entrenan tan duro como pueden, los que carecen de esta ventaja necesaria, hace una diferencia al final.

Antes de cada competición, de cada partido, de cada evento, de cada show o presentación, los deportistas, artistas y hombres de negocios se toman un tiempo para concentrarse y visualizar su rutina; se relajan, respiran profundamente y se dicen a sí mismos que todo estará bien. El entrenamiento mental es naturalmente usado como un reflejo cada vez que esperamos dar todo lo que tenemos, para ejecutar, para ir más allá de nuestros límites. Imagínate que en lugar de dejarlo a la mente subconsciente, este entrenamiento mental se hiciera conscientemente de forma que pruebe ser eficiente. Imagínate ahora que si, en lugar de practicar el entrenamiento mental justo antes de un acontecimiento crucial, se lleve a cabo antes o después de cada período de entrenamiento, todos los días reforzándote a ti mismo/a en lo que mejor sabes hacer.

Por otra parte, aunque parezca estar totalmente fuera del tema, hubo una explosión de películas Ninja en la década de 1980, que hizo popular su arte de lucha, sus formas y su cultura. Entre otras cosas, hay una técnica misteriosa que comúnmente ellos usan, que combina la respiración, la pronunciación de palabras secretas, y extrañas posiciones con las manos, que parecían poner al guerrero en un estado sagrado de poder místico. Mientras que era desconocida para el mundo industrializado moderno, esta técnica se ha utilizado durante siglos por los Hindúes, Chinos y Japoneses, en muchos campos de aplicación, incluyendo la lucha y la guerra, pero también aplicada a la medicina, a la agricultura y al desarrollo empresarial. Simplemente sucede que el Samurai utiliza esta técnica para mejorar sus capacidades de poder personal, fuerza y lucha, y en aquella época fue ilustrado en las películas de ninjas, haciéndola aún más misteriosa.

Porque esta técnica de entrenamiento mental también incluye nueve maneras de colocar las manos, fue llamada, después del único aspecto aparente, como "Los Sellos de las Manos", Lo cual es sólo la punta del iceberg. Los Japoneses la llamaron Kuji-In, que significa "Nueve Sílabas". Sin embargo, se ha utilizado durante miles de años como una técnica de auto-empoderamiento con el objetivo de desarrollar el potencial físico y mental de los que tenían la determinación de aplicar la técnica.

Aunque la técnica de "Los Nueve Sellos de las Manos" viajó a través de los siglos en el bagaje cultural de las diversas poblaciones que la usaban, fue transmitida como una meditación o una práctica religiosa, incluso como un baile terapéutico de medina energética. Pero una vez despojado de todo dogma y creencia, el método de entrenamiento mental original aparece de nuevo y se vuelve aplicable a personas de todas las culturas, en la mayoría de las disciplinas. En las páginas siguientes, vamos a tratar de explicar todos los aspectos de la técnica y la forma de utilizarlo en un mundo civilizado moderno lo más lógicamente posible.

El auto-empoderamiento no es simplemente una técnica mental, sino un proceso de transformación de la actitud de uno mismo en la vida. Lo que eres ahora te trajo a lo que sabes de ti mismo/a en este momento. Si quieres llegar a ser más de lo que eres ahora, ya has puesto en marcha un cambio personal. La parte más importante de esta antigua técnica de auto-empoderamiento es el cambio de actitud personal. Para que este cambio suceda, debes estudiarte a ti mismo/a cómo eres ahora, y accionar un cambio a mejor. Al operar este cambio personal en tu carácter y en tu personalidad, te convertirás en más de lo que eres ahora; llegarás a estar auto-empoderado/a.

La belleza de la siguiente técnica es que todos los componentes de la técnica no son necesarios para que los efectos tengan lugar. Durante miles de años, algunas aplicaciones tradicionales sólo utilizaron unos pocos aspectos de la técnica, mientras que otros utilizaron todos ellos. Si te sientes incómodo/a con uno o muchos aspectos de la técnica, siente la libertad de utilizar sólo los componentes que más te convengan. Algunas personas sólo utilizan esta técnica como una referencia para cambiar su actitud mental.

En cualquier caso, a medida que desarrolles las herramientas paso a paso expuestas en este libro, sentirás los primeros resultados rápidamente, y los más profundos cambios después de un tiempo de práctica. Te sentirás lleno/a de energía, positivo/a y seguro/a de ti mismo/a. Tus dudas darán lugar a la certeza y confianza en ti mismo/a. Tu cuerpo se regenerará más rápido y vas a sanar un poco más rápido que antes. Por encima de todo, tu actitud hacia la vida será poderosa e inquebrantable.

La Técnica

A pesar de que las únicas características aparentes sería la postura comúnmente sentado/a sosteniendo algún tipo de posición con las manos, este método de Nueve Sellos de las Manos en realidad combina cinco herramientas principales:

- Una posición de las manos.
- Una expresión hablada.
- Un punto de enfoque en el cuerpo.
- Una visualización mental.
- Un concepto filosófico para reflexionar.

Todas o algunas de estas herramientas se utilizan mientras se respira en una postura relajada. La belleza de esta técnica es que se puede hacer mediante la combinación de sólo dos de las cinco herramientas, para ayudar en la asimilación de la técnica, sin embargo, alcanza su máximo potencial cuando todas las herramientas se aplican a la vez. De esta manera, se hace mucho más fácil asimilar cada paso de uno en uno.

En esta introducción a Kuji-In y a la auto-empoderamiento, deseamos evitar la inserción de cualquier cosa que se asemeje a los métodos religiosos o espirituales antiguos. Es un tema que se estudiará, si estás interesado/a en el conocimiento más profundo de Kuji-In. La expresión antigua hablada es un mantra, en Sánscrito, que contiene sabiduría esotérica. Los primeros pasos en el entrenamiento de Kuji-In no utilizan el mantra largo en Sánscrito, sino simplemente la recitación de una sílaba, llamada Kanji, en Japonés. Sin embargo, ya que no todos somos Japoneses, en lugar de utilizar esta sílaba para nuestra formación, estaremos utilizando una expresión hablada. Por lo tanto, la expresión hablada no es una traducción del mantra en Sánscrito, sino una traducción filosófica a la sílaba Kanji (como Rin, Kyo, Toh ...) asociadas a cada nivel de Kuji-In. Vamos a indicar el mantra en Sánscrito asociado a cada nivel que puedes utilizar una vez que estés familiarizado/a con la técnica básica del Kanji.

Cuándo usar

Las técnicas se pueden utilizar durante unos minutos antes de cualquiera de tus rutinas de entrenamiento, sesiones de práctica, o por ellas mismas a lo largo del día. Funciona muy bien inmediatamente antes de irse a la cama, pero sabemos que algunos que lo practican lo hacen durante media hora todos los días.

Con el tiempo, la práctica de la técnica te pondrá automáticamente en un estado de relajación y de conciencia interior, la mayoría de las veces a costa de tener menor conciencia del ambiente que te rodea. Es el objetivo a alcanzar. Naturalmente, vas a crear tu propio capullo o huevo energético cuando practiques, por lo tanto se hace necesario advertirte de un importante efecto secundario. Si comienzas a hacer incluso una parte de la técnica mientras que estás conduciendo tu coche, o haciendo algo que requiere tu atención, es posible que entres en un estado mental aislado por un momento, poniéndote a ti mismo/a y a otras personas en riesgo. A menudo resulta más fuerte que tu propia voluntad de conducir con cuidado. La práctica de esta técnica te pondrá en un estado de conciencia interior. No te gustará utilizar esta maravillosa técnica para perder tu concentración cuando se está en lo más crítico. Por lo tanto, te recomendamos practicar las técnicas de los Nueve Sellos de las Manos en un lugar adecuado para ello, cuando tu concentración no sea necesaria para que tú y otras personas estén a salvo.

Dado que esta técnica centra tu atención en tu interior, no es una técnica para usar realmente mientras estás entrenando o realizando alguna otra actividad que requiera tu atención. Incluso si las técnicas te dan grandes beneficios por sí mismas, los Nueve Sellos de las Manos te ayudan a tu desarrollo haciendo tu potencial plenamente disponible cuando lo necesitas en tus otros procesos de formación. En este sentido, un atleta no debe usar los Nueve Sellos de las Manos o los componentes de sus herramientas, mientras que está haciendo su rutina diaria, pero antes de ello, simplemente utilizar las herramientas de enfoque mental cuando entrene en el gimnasio. De la misma manera, un músico sólo perturbará su concentración si trata de mantener los conceptos mentales en mente al mismo tiempo que trata de tocar con eficiencia, pero habiendo practicado los Nueve Sellos de las Manos antes, más conexiones neuronales estarán disponibles para que él o ella se beneficien de su práctica.

Por ejemplo, la primera técnica se utiliza para desarrollar al mismo tiempo la fuerza física y la confianza en sí mismo. Un atleta que practica lo suficiente de la primera técnica tendrá resultados más rápidos cuando ejercite el físico y los períodos de recuperación más cortos entre cada entrenamiento. Un hombre de negocios que se toma el tiempo para utilizar la técnica completa durante 15 minutos cada día durante una semana se sentirá mucho más cómodo después, al hacer sus presentaciones o en la participación de negociaciones.

Los nervios y meridianos

El cuerpo está lleno de nervios que llevan electricidad, pero también tiene una circuitería más sutil, conocidos como meridianos. Estos meridianos se utilizan comúnmente en la medicina tradicional china en la aplicación de la acupuntura. También son la base de muchas técnicas de masaje, ya que tienen muchas influencias beneficiosas sobre el cuerpo y la mente. Su uso normalmente induce a un estado de relajación, haciendo el cuerpo más propenso a la recuperación.

Las posiciones de las manos que utilizaremos, cruzan y extienden los dedos de forma que se benefician de los meridianos. A pesar de que los meridianos viajan a través de la totalidad del cuerpo, la mayoría de ellos empiezan y terminan en las yemas de los dedos, en consecuencia, las manos se posicionan y los dedos hacen el rompecabezas. Cuando respiras mientras te concentras en los puntos de concentración o en los puntos de acupuntura, funcionará en estos puntos de la misma manera que una aguja o que un masaje lo haría.

En la antigua India, el pueblo Hindú probó todo tipo de: Posiciones del cuerpo, meditaciones, recitación de oraciones sin fin, ayunos difíciles, la aplicación de muchas pruebas en sus mentes y cuerpos, en una búsqueda del yoga definitivo del auto-desarrollo. Uno de los legados de estos experimentos fue el uso de las posiciones de las manos que trabajan en el cuerpo y en la mente de forma similar a lo que lo haría el yoga. Sin embargo, estas posiciones de las manos son mucho más sencillas de aplicar que mantener las posturas con el cuerpo completo. Estas posiciones de las manos viajaron a China y Japón, junto con la propagación de la filosofía y las técnicas de meditación.

Auto-sugerencia

Las expresiones habladas que utilizaremos siempre representan una referencia a la filosofía que mantenemos en la mente, sin embargo, se pronuncian para acelerar el efecto de la técnica. Es conocido en auto-sugestión y programación neuronal que a pesar de que mantengamos un pensamiento en mente, el concepto se integra en el proceso mental mucho más rápido si se pronuncia en voz alta, ya que se utilizan más partes del cerebro al hablar que si el concepto es contemplado solamente mentalmente. Las palabras pueden ser pronunciadas en cualquier idioma, ya que lo importante es involucrar el cerebro en el lenguaje físico. Mientras que muchos practicantes de Kuji-In en Japón aprecian pronunciar las palabras Japonesas, una gran cantidad de personas también les gusta pronunciarlas en un lenguaje común.

Las afirmaciones concretas de expresiones filosóficas son un componente clave para el entrenamiento mental, ya que refuerza los conceptos que representan en nuestra mente. Mientras se recitan repetidamente unas palabras que tienen un cierto sentido, el discurso interactúa con partes subconscientes de nuestra mente para hacer nuevas conexiones y proveer que el concepto esté más accesible a nuestra conciencia, en nuestra mente consciente. Aunque las expresiones orales usadas en nuestra técnica podrían parecer diferir un poco del concepto filosófico retenido en la mente, su eficiencia es utilizada al máximo, ya que trabajan en combinación con el concepto mental. Todo este aspecto será mucho más sencillo cuando hayas terminado de aprender la primera técnica.

Puntos de enfoque

Cuando prestamos atención a un lugar en nuestro cuerpo durante un período de tiempo suficientemente largo, el punto de enfoque se relajará y nuestra consciencia de este lugar se verá reforzada. Prestar atención a una parte de nuestro cuerpo va a acelerar su curación o regeneración, ya que nuestra atención mental presta más electricidad neuronal al área de atención. Esta energía extra disponible siempre se utiliza de la mejor manera posible por el cuerpo. Por ejemplo, las personas que usan analgésicos se curan más lentamente que los que no lo hacen, ya que la sensación de dolor continua atrae nuestra atención a la zona con dificultades. Mientras que la diferencia de tiempo no es milagrosa, es notable. Cada una de nuestras nueve técnicas nos requiere centrarnos en un punto específico en el cuerpo, no para curarlo sino para mejorarlo. Estos puntos de enfoque, específicos para cada una de las nueve técnicas, son al mismo tiempo una parte del sistema de meridianos, del sistema nervioso y del sistema endocrino, asociado a un punto de acupuntura, a un centro nervioso principal y a una glándula.

Al centrarte en un punto en tu cuerpo, debe hacerse en una actitud relajada. No es necesario concentrarse con fuerza. Basta con prestar atención al punto de enfoque y tratar de sentirlo. Podría tomar un buen tiempo antes de que sientas alguna sensación en particular en este punto de enfoque, y no es necesario. En el momento en que prestes atención a un lugar específico en tu cuerpo, la técnica se verá reforzada.

Visualización

La visualización es una imagen que nos imaginamos en nuestra mente. La visualización mental está ahí para ayudarnos a mantener nuestra atención en la técnica, con la esperanza de evitar que la mente se distraiga demasiado y vaya por mal camino. Sin embargo, si comienzas a pensar acerca de temas al azar, no pongas presión sobre ti mismo/a para volver a la visualización, sino trata de volver en una actitud pacífica y relajada, con calma restableciendo las imágenes en tu mente.

La imagen guardada en mente te ayudará a colocar tu atención en el punto de enfoque, pero también utilizará los colores en formas conocidas como la cromoterapia (terapia del color), combinando el efecto psicológico del color para mejorar la eficiencia de nuestro periodo de práctica. Por supuesto, la visualización en sí misma tendrá una sutil referencia al concepto filosófico mantenido en mente.

Las introducciones a la técnica

Cada uno de los nueve métodos será presentado por una pequeña explicación de su funcionamiento interno. Incluso aunque no sea necesario entender todos estos aspectos conceptuales para que la técnica funcione, sí es recomendable que al menos consideres su significado antes de empezar a combinar las diferentes herramientas, hasta que puedas combinarlas todas con comodidad.

Sé flexible contigo mismo/a cuando estés aprendiendo la primera técnica. Empieza por combinar sólo dos o tres de las cinco herramientas recomendadas. No te estreses por la aparente complicación del método. Todo se te irá haciendo más fácil a medida que te vayas haciendo más experto/a en la aplicación de cada paso.

Paso 1: Confianza
Fuerza física y mental

El objetivo de este primer paso es ayudar en el desarrollo de la auto-confianza, adquiriendo la capacidad de poner más fuerza de voluntad en cada acción que realizamos, lo que resulta en una ganancia de fuerza física y mental. Cuanta más energía hay disponible para nuestro sistema nervioso cuando la necesitamos, más energía también se hace disponible para nuestros músculos en el despliegue de la fuerza física. De la misma manera, más energía mental dará lugar a fuerza en el carácter, determinación y perseverancia. Adquirir más confianza en ti mismo/a también dará lugar a la aparición del valor.

El primer paso es donde primero prestamos atención a nosotros mismos, en consecuencia, utilizaremos el concepto de "conociéndonos a nosotros mismos" en la afirmación hablada. El objetivo es crear y reforzar el contacto que tenemos con nuestro ser interior, con nuestro cuerpo y con nuestra mente, de manera que todos los demás aspectos de la técnica serán integrados eficientemente.

El concepto de "confianza" se contemplará mentalmente. Vamos a animar a nuestra mente a aceptar que somos capaces de muchas cosas grandes. Vamos a aflojar nuestros miedos subconscientes para que más de nuestra preciosa energía pueda ser dada a la parte de nosotros que quiere expandirse en poder y eficiencia. En conjunción con la creación de un contacto con nuestra identidad, esta técnica entera trabaja en el desarrollo de la auto-confianza. También hará que haya más energía mental disponible para apoyar a todas las demás acciones que tomemos con fuerza de voluntad y determinación.

La fuerza de voluntad es la capacidad de enfocar nuestra voluntad, un deseo intenso, un querer concentrado, en una sola hazaña lograda. A pesar de que, nuestra mente tiene muchos secretos de por qué no podemos dar absolutamente toda la energía disponible cuando aplicamos la fuerza de voluntad. Depende de: Nuestro estado de ánimo, del estado de nuestra mente, nuestros sentimientos del día, pero todo esto podría ser controlado y cambiado con lógica y… voluntad.

Hay otros aspectos de nosotros mismos que no podemos controlar tan fácilmente. Una parte de esto es que nuestro cerebro no siempre está de acuerdo consigo mismo con todos los patrones perfectos neuronales para poner toda la energía disponible para la acción alcanzada. Pero, sobre todo, hay memorias y experiencias escondidas que hacen que nuestro cerebro gaste un poco de nuestra energía mental no siempre en las apropiadas conexiones y distribuciones neuronales.

El cuerpo y la mente pueden recordar las heridas de un entrenamiento que no fue tan bien. Podría centrarse en una actuación que fue juzgada pésimamente por otros más que apreciada. Incluso las personas con más confianza y seguras de sí mismas tienen estos silenciosos pensamientos que alimentan la duda, el miedo al fracaso, incluso el miedo al dolor. Con estos patrones mentales alrededor, una parte de la energía del cerebro no se utiliza para el asunto en cuestión, pero se mantiene ocupada por estos pensamientos de fondo silenciosos.

Muchas veces, cuando la gente siente miedo, se sienten amenazados o sienten que están de pie sobre un terreno inestable, los músculos de los glúteos se tensan naturalmente, como un reflejo natural de defensa para proteger un área llamada el "perineo". El perineo es el punto débil entre el ano y los órganos sexuales, justo en la base del cuerpo. Es un lugar donde identificamos el principio y la perpetuación de la vida. Si esta área sensible es dañada, podría dar problemas en las funciones de nuestro sistema nervioso. Sin embargo, es un punto al que no le prestamos atención, por lo tanto, las reacciones naturales que tenemos en esta zona se dejan a la mente subconsciente y rara vez se notan estas reacciones. En este primer ejercicio, nos centraremos en el perineo. Prestar atención al perineo simplemente nos hará conscientes de él, y estimulará el flujo libre de energía en el área que lo rodea. También nos ayudará a tomar conciencia de nuestros pensamientos subconscientes, o al menos nos ayudará a liberarnos del control subconsciente que tenemos en esta área.

La Técnica

Recuerda que puedes empezar utilizando dos de las cinco herramientas que se explican a continuación, y añadir las herramientas restantes, una a la vez, cuando te sientas cómodo/a de llevar tu experiencia un paso más allá.

El Concepto

El concepto mental a reflexionar mientras se aplica la técnica será acerca de la auto-confianza. De esta forma, te repites a ti mismo/a afirmaciones positivas como:
- Me acepto.
- Confío en mí.
- Tengo fe en mis habilidades.
- Tengo todo lo que se necesita.

Repite estas afirmaciones en tu mente hasta que el "no-redactado" concepto de confianza pueda ser tenido en cuenta, sin el uso de una referencia redactada. Lo que queremos decir es que hay que tratar de mantener el sentido del significado, o la sensación de ello, sin llegar a repetir frases o usar palabras que recitar mentalmente. Esto nos permitirá reflexionar sobre la auto-confianza mientras damos uso al vocabulario en la parte de "expresión hablada" del ejercicio.

Posición de las Manos

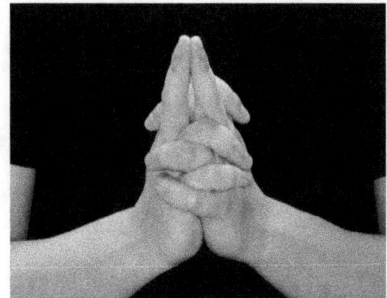 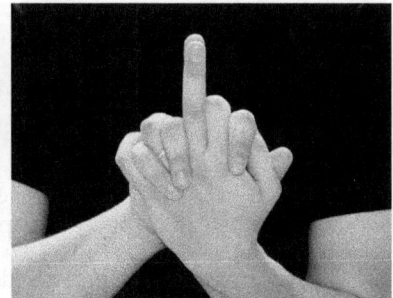

Extiende tus dos dedos corazón y entrelaza todos los otros dedos. La foto de la izquierda muestra la forma de mantener las manos frente de ti, a un nivel donde te sientas cómodo/a. La foto de la derecha muestra una vista lateral para ayudarte a entender la colocación de los dedos en la posición de la mano.

De acuerdo a diferentes sistemas, el dedo corazón tiene puntos de acupuntura para ayudar a aumentar el nivel de energía, el tratamiento de la fatiga, y regularizar la tensión arterial y la circulación.

La expresión hablada

La expresión hablada asociada con esta técnica es "me encuentro a mí mismo", inspirada por el kanji Japonés RIN 臨. Se debe decir mentalmente sólo si no estás en condiciones de decirlo en voz alta. El objetivo de esta afirmación es amplificar el contacto que tienes con tus sistemas físicos y mentales, y amplificar la atención que te das a ti mismo/a.

Por supuesto, que probablemente sabes quién eres a nivel consciente, pero esta afirmación te anima a hacer contacto con las partes ocultas sutiles de ti que probablemente no conoces. Otro efecto secundario interesante de todos nuestros métodos será ayudarte a que finalmente llegues a ser consciente de todo lo que eres. Este proceso se inicia con este primer paso, donde te conoces a ti mismo/a de una manera subconsciente.

Mantra en sánscrito: Om vajramanataya swaha

Punto de enfoque

Nos centraremos en el perineo. Simplemente prestaremos atención a este punto en nuestro cuerpo. Sin esfuerzo ni tratando de sentir algo especial, manteniendo nuestra atención en esta sensible parte de nuestro cuerpo nos ayudará a recrear o a fomentar el contacto que tenemos con la parte física, genética de nosotros. También nos ayudará a mantenernos en tierra, con los pies en la tierra.

La visualización mental

Imaginaremos (en nuestra mente) que una bola de luz de color rojo brillante late al nivel de nuestro perineo. La luz roja es la actividad de la vida, es poderosa, y late suavemente, irradiando luz roja. La bola puede ser de 2-3 pulgadas de ancho al empezar, y crecer progresivamente durante unos minutos, mientras nos mantenemos alimentándola sin la mente, hasta que sea lo suficientemente grande como para rodear nuestra pelvis y área del cóccix. Cuando estés a punto de terminar tu tiempo de práctica con este ejercicio, visualiza que la bola se hace más pequeña de nuevo, no porque se haga más débil, sino porque se está concentrando toda la energía roja acumulada en el perineo. Esta reducción concentrada se puede hacer en un minuto, o en tan sólo unos segundos.

Ejemplo de aplicación:
2 Herramientas: Durante unos pocos minutos, combina la posición de las manos con el concepto mental de autoconfianza, haciéndolo mientras respiras y te relajas.

3 Herramientas: Durante unos pocos minutos, céntrate en tu perineo, visualizando la bola roja de la energía que irradia desde allí, y recita "Me encuentro a mí mismo/a".

5 Herramientas: Durante unos minutos, contempla la autoconfianza como un concepto mental, visualiza la bola roja de

energía en tu perineo, en la que te centras mientras dices "me encuentro a mí mismo/a", siempre manteniendo la posición de las manos. Respira profundamente y relájate, mantente centrado/a en todos los aspectos de la técnica.

Para cada paso de la técnica, siéntete libre de utilizar únicamente las herramientas de la técnica con las que te sientas cómodo/a.

Paso 2: La Responsabilidad

El autocontrol y el libre albedrío

Esta introducción será la más difícil de aceptar de las nueve técnicas, ya que debe despertar cosas que tratamos de enterrar profundo en el interior de nuestra mente inconsciente. Por favor, lee en una actitud pacífica y continua con el ejercicio recordando la previa auto-confianza.

El objetivo del segundo paso es desarrollar un sentido consciente de la responsabilidad, y desdramatizar el concepto de consecuencia. Estar a cargo de nuestra vida también es ser responsable de nuestras acciones, pero los pensamientos acerca de las consecuencias son demasiado a menudo asociados con una emoción de culpa. Cualquiera que sea el resultado de tus acciones, ser responsable no significa ser culpable.

Cada acción que tomamos tiene consecuencias. Somos responsables de todas las acciones que tomamos. Este pensamiento es aterrador para algunas personas, sin embargo, es inevitable. Pero ¿por qué un concepto tan poderoso puede ser tan aterrador? Hay una responsabilidad asociada con beber agua, y su consecuencia sería hidratar nuestro cuerpo. Ahora, ¡yo no veo nada aterrador en eso! Con demasiada frecuencia, es el concepto de la responsabilidad asociado con el castigo.

Cuando algunos acontecimientos salen bien, podemos descartarlos o felicitarnos, pero cuando algo va mal, tratamos de encontrar quién es el responsable, lo que implica que el responsable es el culpable de lo que salió mal. Tal reacción es un condicionamiento negativo que refuerza la asociación de que ser responsable significa ser culpable. Vamos a explicar la diferencia entre la responsabilidad y la culpa.

La culpa es una emoción que experimentamos como resultado de la opresión. A menudo aparece cuando alguien está enfadado/a con nosotros. Lo que pasa es que otras personas están por lo general enfadados/as con nosotros cuando tomamos una acción que tuvo consecuencias negativas para ellos. Incluso podríamos sentirnos culpables cuando estamos enfadados/as con nosotros/as mismos/as por tomar ciertas acciones. Sin embargo, sin importar si somos la causa del hecho o no, no tiene ninguna importancia en el sentimiento de culpa. Sentiremos culpa el momento en que nos sentimos oprimidos, como cuando alguien está enfadado/a con nosotros. Podríamos incluso sentirnos culpables por las consecuencias de las acciones que no tomamos de entrada. La culpa aparece cuando creemos que algo es culpa nuestra. No es de importancia si se trata de un fallo o no. Sólo la creencia de ello es necesaria para que la emoción de la culpa se manifieste. Así es como los opresores tienen éxito en la manipulación de sus víctimas. Así es también como jugamos el juego de ser la víctima de nuestro propio destino, mediante la simulación de opresión de fuentes exteriores imaginarias.

La responsabilidad es el reconocimiento de que las acciones que tomamos producen efectos en forma de consecuencias o reacciones. Debido a la culpa, tendemos a reprimir a nuestro sentido de la responsabilidad por muchos acontecimientos que han tenido resultados infelices. A menudo, hemos preferido condicionarnos a nosotros mismos en creer que estas consecuencias negativas no fueron el resultado de nuestras acciones, con la esperanza de que la emoción de la culpa se calmara. Nos puede llevar un buen tiempo darnos cuenta de que la represión de nuestro sentido de la responsabilidad no hizo nada para parar la culpa de todas formas. Mucha gente nunca se dará cuenta de la diferencia. De este modo, negando que las acciones que tomamos tienen consecuencias, sutilmente afirmamos que no tenemos poder en nuestras vidas. Y por encima de eso, incluso estamos atascados/as en nuestras emociones de culpa, ya que imaginamos que no tenemos el poder de liberarnos de ella.

Si tuviéramos que aceptar que las acciones que tomamos tienen efectos en forma de consecuencias, podríamos afirmar que tenemos la capacidad de afectar a nuestras vidas y a nuestro medio ambiente. Al aceptar nuestra responsabilidad, en realidad estamos aceptando que cada vez que estuvimos felices, cuando nos sentimos bien con nosotros mismos, cuando logramos algo grande, cuando tuvimos éxito, fue de alguna manera el resultado de nuestro propio hacer, por lo tanto, fuimos los responsables. Aceptar nuestra responsabilidad por lo que salió mal es también aceptar nuestra responsabilidad por lo que salió bien. La responsabilidad son las acciones / reacciones resultantes de nuestro hacer, y no se divide en los diferentes resultados que produce. La responsabilidad implica que tenemos los medios para operar cambios.

Al aceptar que somos responsables de nuestras acciones, afirmamos que somos poderosos. Tal pensamiento podría haber sido imposible si no tuviéramos la menor auto-confianza. Pero esto no debería ser un problema ya que pasamos por el paso 1: Confianza en ti mismo/a. Llegarás a darte cuenta cómo cada paso de los Nueve Sellos de las Manos afecta a los siguientes pasos. Pero por ahora, simplemente creyendo en nosotros mismos (paso 1) y admitiendo que podemos influir en nuestra vida (paso 2) ya tiene un gran valor.

Otro aspecto que se convierte en importante entonces, es el hecho de que estás en control de lo que te pasa, de acuerdo con las acciones que tomas. Si te gusta sucumbir a cada uno de tus arrebatos emocionales, y justificarte a ti mismo/a diciendo que no es tu culpa, que no lo puedes controlar, entonces todavía estás afirmando que deseas enterrarte a ti mismo/a en la culpa y admitir que prefieres estar sin tu poder que en el control de tu vida. A veces parece más fácil engañarnos a nosotros mismos pensando que no es nuestra culpa, que asumir la responsabilidad de tener emociones fuertes. Tal creencia sería el resultado de una pobre auto-confianza. Pero una vez que comiences el desarrollo de la auto-confianza, inevitablemente querrás convertirte en el maestro/a de tu vida de nuevo. En cualquier caso, incluso si nos gusta enterrarnos en la culpa, todavía somos responsables de nuestras acciones.

Cualquiera que sea la fantasía que construimos alrededor de nuestros actos, cualquiera que sea la justificación que invocamos para sentirnos más cómodos/as, siempre vamos a obtener de la vida lo que ponemos en ella. Creer en ser víctima de nuestro no merecimiento es una mentira que reside sólo en nuestra propia construcción de la concepción de la vida. En verdad, todos ya somos responsables, y todos nos merecemos vivir una vida plena; sólo nos hemos blindado a nosotros mismos con esas hermosas afirmaciones de poder, por nuestro malentendido de la emoción de la culpa. A menudo, es posible que no estés a cargo de una situación específica, puede que no seas responsable de ciertos eventos, pero siempre estás a cargo de cómo reaccionar ante ellos, y de lo que puedes hacer para cambiar la situación, sobre todo si afecta a tu vida.

Ahora, ¿qué debes hacer cuando la emoción de la culpa emerja de nuevo para camuflar tu sentido de la responsabilidad? La primera cosa sería tomar una respiración profunda y recordarte a ti mismo/a que estás a cargo de tu experiencia. Entonces, acepta sentir la emoción sin lucharla. Acepta su presencia en tus entrañas, y se consciente de su presencia. Trata de revisar la situación en la que te encuentras y determina si eres "responsable" de la situación, o de si sientes culpa por la auto-opresión. ¿Tienes algo que ver con la situación? ¿Puedes cambiar algo? Esto te ayudará a trabajar tu manera de salir de la culpa sin sentido, hacia un responsable libre albedrío.

Para el siguiente ejercicio, vamos a contemplar el hecho de que somos responsables de nuestras acciones, reconociendo así nuestro poder para tomar el control de nuestras vidas. Incluso si todavía no crees que esto es posible, este ejercicio te reconciliará progresivamente con tu derecho a tomar el mando de tu vida, de estar a cargo, de ser responsable, y que dispones de los medios necesarios para actuar en consecuencia.

La Técnica

Para el siguiente ejercicio, vamos a contemplar el hecho de que somos responsables de nuestras acciones, reconociendo así nuestro poder para tomar el control de nuestras vidas. Incluso si todavía no crees que esto sea posible, este ejercicio progresivamente te reconciliará con tu derecho a tomar el mando de tu vida, con estar a cargo, con ser responsable, y que dispones de los medios para actuar en consecuencia.

El Concepto

El concepto mental a ser reflexionado mientras se aplica la técnica será acerca de la responsabilidad. De esta forma, te repites a ti mismo/a afirmaciones positivas como:
- Yo estoy a cargo de mi vida.
- Soy responsable de mis acciones.
- Tengo el poder de cambiar.
- Soy libre para actuar de acuerdo a mi voluntad.

Repite estas afirmaciones en tu mente hasta que el concepto "no redactado" de la responsabilidad pueda ser tenido en cuenta, sin el uso de una referencia de una palabra redactada.

Posición de las Manos

 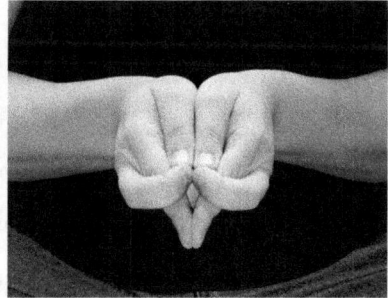

Extiende los dedos índices y dobla los dedos corazón por encima de los dedos índice de forma que se toquen con las puntas de los dedos pulgares. Entrelaza el resto los otros dedos. Si no puedes tocar las puntas de los pulgares con tus dedos corazón, sólo tienes que doblar los dedos corazón por encima de los índices, en la medida que puedas.

El índice tiene una relación con el bajo vientre, y se utiliza a menudo en la acupuntura para tratar dolores en esta área. Los pulgares tienen puntos de acupuntura que afectan a la garganta, en relación con la expresión de uno mismo. En esta posición de la mano, estamos combinando el efecto de retornar nuestra energía /tensiones (dedo corazón) sobre el dedo índice que se refiere al abdomen. Dejando la complejidad a un lado, podríamos resumir este rompecabezas de dedos diciendo que todo lo que hacemos vuelve a nosotros.

Expresión Hablada
La expresión hablada asociada con la segunda técnica es "Muchos medios y métodos", inspirada por el kanji KYO 兵. Se debe decir mentalmente sólo si no estás en condiciones de pronunciarlo en voz alta. El objetivo de esta afirmación es prepararte a ti mismo/a en la creencia de que tienes todas las herramientas necesarias para hacer de tu vida lo que quieres que sea.

En este punto, toneladas de reacciones por parte de tu mente podrían emerger desde tu interior, diciéndote que no tienes muchos medios para tomar el control de tu vida. Estas son reacciones normales. Son los condicionamientos negativos que emergen. No les prestes atención, y no trates de detenerlos. Simplemente continúa con el ejercicio.

Mantra en sánscrito: Om isha naya yantraya swaha

Punto de Enfoque
Nos focalizaremos en el bajo vientre, la zona comprendida entre nuestra pelvis y nuestro ombligo. Aquí es donde están las entrañas, donde la fuerza de voluntad se expresa a sí misma. Esto podría explicar por qué tener "entrañas" significa tener fuerza de voluntad y coraje. Simplemente focaliza tu atención en esta área.

La Visualización Mental
Vamos a imaginar que una bola naranja brillante late al nivel de nuestra parte inferior del abdomen. La luz brillante naranja está irradiando hacia el exterior en todas las direcciones, es poderosa, y late suavemente, irradiando luz brillante naranja. El bola puede ser de 2-3 pulgadas de ancho en un primer momento, irradiando la luz brillante naranja en todas las direcciones, arrojando luz sobre todo.

Ejemplo de Aplicación:

2 Herramientas: Durante unos minutos, combina la posición de las manos con el concepto mental de la responsabilidad, hazlo todo mientras respiras y te relajas.

3 Herramientas: Durante unos pocos minutos, focalízate en la parte baja del abdomen, visualizando una luz brillante naranja irradiando desde allí, y recita "Muchos medios".

5 Herramientas: Durante unos pocos minutos, contempla la responsabilidad como un concepto mental, visualiza la bola de luz brillante de color naranja brillando desde la parte baja del abdomen en todas las direcciones, mientras dices "Muchos medios", siempre manteniendo la posición de las manos. Respira profundamente y relájate, mantén tu enfoque en todos los aspectos de la técnica.

Paso 3: La Armonía
La Conciencia y la Tolerancia

Ahora que estás construyendo tu confianza en ti mismo/a, que estás desarrollando un buen sentido de la responsabilidad, sería bueno aprender a estar en paz en todas las situaciones. Estar en control de tu vida no siempre significa que tengas que tomar medidas para cambiarlo todo. Se necesita un poco de sabiduría para identificar cuándo actuar y cuándo dejar ir. Este es precisamente el objetivo de este ejercicio.

Cuando nos enfrentamos a un conflicto, tenemos reacciones normales que nos animan a luchar, con el fin de ganar. Este ha sido un sistema de defensa biológico muy útil durante miles de años, pero esta reacción ya no siempre es tan útil. Sería bueno estar aliviado/a de esta tensión interna de luchar, de vez en cuando, por lo que podríamos encontrar paz con mayor facilidad.

Con el fin de identificar las tensiones que salen desde el interior, debemos primero aprender a prestar atención a estas tensiones con el fin de tomar conciencia de su existencia. Al tomar el tiempo para percibir el aumento de la ira, la adrenalina, el estrés de prepararse para defender nuestras posiciones, estamos en condiciones de decidir si vamos y cómo vamos a tomar medidas. Cuando surgen estas tensiones mientras que no les estamos prestando atención, simplemente toman el control de nosotros y tendemos a hacer cosas que lamentaremos más adelante. De hecho, se hace muy fácil decir "no quería decir eso" o "era más fuerte que yo", sin embargo, no hiciste nada para detenerte. ¿Por qué es eso? Simplemente no estabas prestando atención a lo que estaba pasando.

Después de tantos años de reaccionar desde conductas reflejas, es normal que se pierda el control de nosotros mismos de vez en cuando. No es un comportamiento que podemos cambiar en unos pocos minutos. Está bien anclado dentro de nosotros, tanto al nivel mental como biológico. Pero no debemos negar nuestra responsabilidad (capítulo anterior) diciendo que no pudimos detenernos. Si nos hemos entrenado en ser conscientes de nuestras reacciones internas defensivas, recordaremos que somos responsables de nuestras acciones, y que tenemos todos los medios necesarios para tomar el control de nuestras vidas.

Estar en paz requiere que tomemos conciencia de la lucha interna que se produce en tiempos de dificultades y de conflicto. Presta atención a lo que está luchando en tu interior. ¿De dónde viene la reacción? Por lo general proviene de un área alrededor del interior abdomen, donde la rabia por lo general toma su primera forma. Una vez que te das cuenta de la tensión, prestando atención a ella, te adjudicas unos preciosos segundos antes de que aparentemente pierdas el control, para que puedas decidir qué hacer con esta tensión.

Cuando la presión se acumula, es normal que se quiera que se vaya, o dirigirla hacia fuera de manera que podamos estar liberados de ella. Tener un momento para decidir lo que haremos nos da la oportunidad de tomar mejores decisiones.

En este punto, te recomendamos que cambies tus reacciones hacia acciones positivas, y que desarrolles tolerancia hacia lo que te irrita. Pero esto no se puede hacer demasiado rápido. Por lo tanto, se hace esencial practicar en la toma de conciencia de tu lucha interior, mientras que no estás presionado por una situación irritante. De hecho, te recomendamos que practiques tu conciencia interior, mientras que estás tranquilo/a y relajado/a.

Éste es el objetivo de esta tercera técnica. En un estado de relajación, presta atención a lo que está sucediendo en el interior de tu abdomen. Lo que sientas, incluso si no sientes nada, estás desarrollando lentamente tu conciencia interior, por lo que estará disponible cuando realmente la necesites. Cuando sientas tensiones y reacciones elevándose desde el interior, trata de adaptarte a ellas, en lugar de reaccionar. Trata de aceptar su presencia y déjala estar dentro de ti, en lugar de hacer todo lo posible para empujarla fuera. Date permiso para sentir emociones en lugar de luchar la manera de salir de la emoción. Deja que la sensación irritante permanezca por un momento, y respira en ella. El objetivo es llegar a ser plenamente consciente de ella. Una vez consciente de la emoción interna detrás de cualquier sentimiento, la presión disminuye de forma natural.

La Técnica

Ahora contemplaremos el hecho de que somos conscientes de nuestros sentimientos internos, y que podemos permanecer en calma y conscientes, sea cual sea la situación. Vamos a practicar el respirar en nuestro abdomen, para ayudar a nuestro sentimiento interior a revelarse. Haz esta técnica sobre todo cuando estés en calma, cuando no estés experimentando ninguna emoción dura.

El Concepto
El concepto mental a ser reflexionado será acerca de la conciencia y la tolerancia. De esta forma, te repites a ti mismo/a afirmaciones positivas como:
- Soy consciente de mí mismo/a.
- Acepto lo que siento en mi interior.
- Estoy en paz cuando estoy consciente.
- Me acepto como soy.

Repite estas afirmaciones en tu mente hasta que el concepto "no-redactado" de la conciencia interior y la tolerancia de lo que percibes puedan ser tenidas en cuenta, sin el uso de una referencia redactada.

Conocerte a ti mismo/a no es intelectual. La aplicación del tercer paso del auto-empoderamiento no revelará quién eres de una manera tangible para ti, pero te darás cuenta del concepto abstracto que te define. Con el tiempo, te conocerás más, incluso si no lo puedes poner en palabras.

Posición de las Manos

 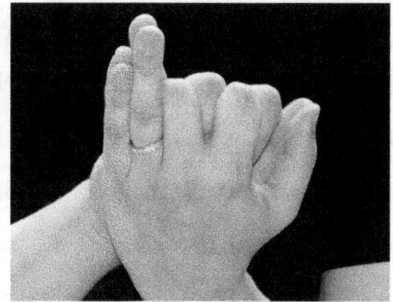

Mantén extendidos los pulgares y los dos últimos dedos de ambas manos, manteniendo tu dedo índice y corazón dentro de tus manos entrelazadas.

El dedo índice se utiliza a menudo para señalar, para proyectar hacia el exterior. El dedo corazón es el dedo principal que se utiliza para operar nuestros diarios movimientos de la mano. Ahora estos ambos dedos se vuelven dentro de las manos, y esto ayuda a ponernos en contacto con nuestros sentimientos internos. Sólo los dos dedos más pequeños sobresalen, que representan la sutileza y sensibilidad.

La expresión hablada

La expresión hablada asociada a la tercera técnica es "¿Quién soy yo?", inspirada en el kanji TOH 闘. Debe der ser pronunciada mentalmente sólo si no estás en condiciones de decirla en voz alta. El objetivo de esta afirmación es evidente. Está dirigida a provocar la revelación de lo que eres por dentro, haciéndote la pregunta directamente a ti mismo/a. La pregunta no debería ser seguida por una respuesta improvisada. Simplemente debes prestar atención y aceptar lo que se eleva desde el interior. Sucede que reacciones emocionales se elevan desde el interior cuando hacemos esto las primeras veces. Es normal, y debes tratar de relajar estas reacciones en lugar de fomentarlas.

En el ejercicio anterior (paso 2), las reacciones tienden a surgir de tu mente. Ahora, las reacciones podrían ser un poco más emocionales, pero esto es positivo. Este tercer paso libera presión interna que guardas inconscientemente en el interior, proporcionándote más energía y libertad de acción más tarde. Respira profundamente cuando practiques cada técnica. Algunas personas tienden a desempeñar el papel de "víctima" cuando sienten emociones. Trata de no ceder a este tipo de comportamiento. Esta técnica tiene como objetivo liberarte, no fomentar el drama personal.

Mantra en Sánscrito: Om jita rashi yatra jiva ratna swaha

Punto de enfoque

Nos centraremos en el interior del abdomen, de modo que sea más fácil el contacto con tu subconsciente. Presta atención a la zona dentro de tus tripas y entrañas. Relaja tu abdomen.

La visualización Mental

A partir de la luz brillante naranja anterior, vamos a migrar dentro a un sol amarillo-dorado que emite luz dentro de nuestro cuerpo. Tratamos de extender la luz dentro de nuestro centro emocional, y liberar los nudos y los obstáculos que están allí. Ve la luz fluir libremente dentro de tu cuerpo.

Ejemplo de Aplicación:

2 Herramientas: Durante unos minutos, combina la posición de las manos con el concepto mental de la conciencia, hazlo todo mientras respiras y te relajas.

3 Herramientas: Durante unos minutos, céntrate en el interior del abdomen, visualizando una luz brillante amarilla-dorada irradiando desde allí, y te preguntas "¿Quién soy yo?"

5 Herramientas: Durante unos minutos, contempla la conciencia y la tolerancia como un concepto mental, visualiza la bola de luz brillante amarilla-dorada que brilla desde el interior del abdomen en el interior de tu cuerpo, mientras te preguntas a ti mismo/a," ¿Quién soy yo?", siempre manteniendo la posición de las manos. Respira profundamente y relájate, mantén todos los aspectos de la técnica enfocados. Acepta las sensaciones y sentimientos que emergen, pero no los fomentes, ni los ignores. Se lo más imparcial posible. Acepta lo que se revela desde tu interior.

Paso 4: Poder
Afirmación y Determinación

Sólo una vez que eres consciente de quien eres puedes empezar a afirmarte a ti mismo/a. Cualquier otro tipo de afirmación personal es una obra de teatro, de acuerdo a un condicionamiento previo, en un intento desesperado para ganar más atención o importancia. Una vez más, conocerte a ti mismo/a no es obvio en el nivel intelectual, pero es una sensación de quien eres, de cómo te defines a ti mismo/a. Y por encima de eso, nada te impide cambiar tu definición de ti mismo/a en el momento que empiezas a ser consciente de quien eres.

La cuarta técnica es bastante simple. Consiste en emplear la sensación de tu propio ser que has descubierto e invertirla en acción y movimiento. Es la expresión de poder personal al máximo. Pero esto es lo que has estado trabajando desde el primer paso de esta serie de ejercicios.

Con el fin de desarrollar una verdadero auto-empoderamiento, primero tenías que confiar en ti mismo/a, que has visto en el primer paso de esta técnica. Entonces, tuviste que volver a adquirir el conocimiento de que tienes el poder de afectar a tu medio ambiente. Esto es desarrollado al aceptar que eres responsable de tus acciones, lo que confirma que las acciones que tomas tienen un efecto real en ti mismo/a y en tu entorno. Con los dos primeros pasos, has desarrollado la actitud que se necesita para empoderarte. Ahora, lo que alimenta la auto-empoderamiento es... ¡el Ser! Por lo tanto, la conciencia mental y emocional que progresivamente desarrollas con el tercer paso es lo que alimenta tu auto-empoderamiento. Con este sutil enlace a ti mismo/a, ahora puedes expresarte hacia el exterior, con más confianza, responsabilidad y consciencia.

El auto-empoderamiento cambia tu vida para mejor. En cada acción que tomes, cada palabra que hablas, serás más seguro/a de ti mismo/a. Pero auto-empoderamiento no tiene nada que ver con la imposición de ti mismo/a en tu entorno. El poder personal no tiene nada que ver con luchar o tomar más espacio. Cuando sabes quién eres, y te sientes seguro de ti mismo/a, no necesitas tomar más espacio del requerido, ni tampoco necesitas presionar a los demás con tu poder personal.

A medida que desarrolles una actitud de poder, no trates de proyectar este poder externamente a otras personas. Hacer esto sólo revela la inseguridad que queda dentro de ti. Las acciones que tomas deben ser hechas con energía y determinación, pero esto no se debe utilizar para influir a otras personas. Al estar impregnado/a de auto-poder hace que sea más fácil ofender a otras personas. Recuerda que eres responsable de tus acciones, y que por sentirte lleno/a de ti mismo/a, confiado/a y seguro/a, es posible que te olvides que las personas que te rodean sean más sensibles a tus acciones a partir de ahora. El reto del cuarto nivel del auto-empoderamiento es estar lleno/a con tu Ser como un individuo, sin desarrollar ninguna arrogancia. Mantente centrado en ti mismo/a, desarrollando auto-confianza y sentido de la responsabilidad. Se te anima a defenderte cuando seas atacado/a, pero nunca a atacar en primer lugar.

Junto con el desarrollo de este nuevo poder desde el interior, verás más y más cambios en tu entorno. Las personas reaccionarán de manera diferente hacia ti, y serás menos alcanzable por los ataques y conflictos. Desarrollarás los medios para hacer tu vida mejor... o peor. Es posible que también actúes de manera que crees una vida maravillosa para ti y para las personas a tu alrededor. Cuanto más sonrías, más gente estará feliz de estar contigo.

El auto-empoderamiento también tendrá ciertos efectos secundarios en tu cuerpo. Podrás solicitar más electricidad desde tu cerebro y tu sistema nervioso, haciéndose así más fuerte progresivamente. Tendrás acceso a más energía, y tu cuerpo encontrará más fácil regenerarse después de un esfuerzo físico. Con el tiempo, incluso tu cuerpo sanará las heridas más rápido y podrás luchar la enfermedad con más facilidad.

La Técnica

Aquí es donde tomas el mando de ti mismo/a, pero no a través de estresarte con fuerza. En cualquier momento, si notas que estás contrayendo los músculos, especialmente el abdomen, entonces no estás en un estado de auto-empoderamiento, sino en un estado de control, lo cual sólo impedirá el desarrollo del poder personal. Relájate y siente el poder venir desde el interior. Por encima de todo, confía en ti mismo/a.

El Concepto
El concepto mental a ser reflexionado será acerca de la determinación y la perseverancia. De esta forma, te repetirás a ti mismo/a afirmaciones positivas como:

- Soy decidido/a y perseverante.
- Tengo el poder de actuar.
- Estoy en paz cuando estoy en poder.
- Soy el maestro/a de mi vida.

Repite estas afirmaciones en tu mente hasta que el concepto "no-redactado" de determinación y perseverancia se pueda tener en cuenta, sin el uso de una referencia redactada.

Posición de las Manos

 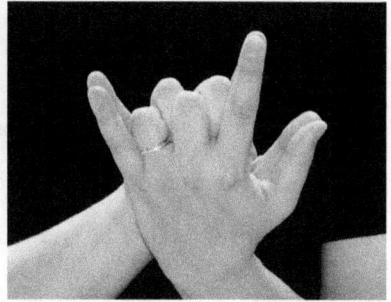

Extiende los dedos pulgares, los dedos índices y los dos dedos meñiques. Entrelaza los dedos corazón y anular dentro de tus manos. Con esta postura de las manos, estamos apuntando hacia afuera con nuestro índice, el dedo de la afirmación. También estamos manteniendo el dedo de la sensibilidad hacia fuera, el dedo meñique. El pulgar es el dedo del apoyo y de la expresión.

Expresión Hablada

La expresión hablada asociada a la cuarta técnica es la respuesta a la pregunta anterior: "YO SOY", inspirada en el kanji SHA 者. Se debe pronunciar mentalmente sólo si no se está en condiciones de hablar en voz alta. Cuando pronuncias en voz alta o en silencio "YO SOY", no debes tratar de definir quién eres, sino simplemente dejar que el sentimiento conceptual de Ser (desarrollado en el paso 3) te llene de una manera relajada y positiva.

Mantra en Sánscrito: Om haya vajramanataya swaha

Punto de Enfoque

Nos centraremos en el plexo solar, que es la parte blanda debajo de tu esternón. El plexo solar es un centro nervioso importante que tiene células nerviosas blancas y grises, al igual que en el cerebro. En el cerebro, la materia gris nos ayuda a comprender el mundo exterior, y la materia blanca nos ayuda a sentir lo que está pasando en el interior. Sin embargo, en el plexo solar, la materia blanca está en el exterior y la materia gris está en el interior. Por lo tanto, el plexo solar es el centro en el que sentimos lo que está pasando en el exterior, y entendemos lo que está pasando en el interior.

La Visualización Mental

La luz amarilla-dorada desarrollada en la tercera técnica llenará nuestro cuerpo y se expresará así misma hacia fuera desde nuestro plexo solar. En este punto, el plexo solar debe irradiar intensamente desde el interior para brillar en todas partes a nuestro alrededor.

Ejemplo de Aplicación:

2 Herramientas: Durante unos minutos, se combinan la posición de las manos con el concepto mental de determinación, hazlo todo mientras respiras y te relajas.

3 Herramientas: Durante unos pocos minutos, céntrate en tu plexo solar, visualizando la luz amarilla-dorada irradiando hacia el exterior desde ahí, y di a ti mismo/a "YO SOY".

5 Herramientas: Durante unos pocos minutos, contempla la determinación y la perseverancia como un concepto mental, visualiza la luz amarilla-dorada que irradia desde el plexo solar, mientras te dices a ti mismo/a "YO SOY", siempre manteniendo la posición de las manos. Respira profundamente y relájate, mantén tu atención en todos los aspectos de la técnica. No hagas presión en la sensación de lo que eres. Acepta cómo te revelarás a ti mismo/a. Aplica la técnica y déjala que actúe en ti. Desarrollarás naturalmente auto-empoderamiento.

Paso 5: Valor
Merecedores de Auto-Empoderamiento

Otro obstáculo sutil para el desarrollo del auto-empoderamiento tiene que ver con el concepto de "autoestima". Por las mismas razones que en la falta de confianza en ti mismo/a, la definición de nuestra propia valía personal puede ser perturbada por las experiencias pasadas desconocidas u olvidadas. Aunque podríamos confiar en nuestra capacidad para lograr una proeza, podríamos sutilmente no creernos que lo valemos, de nuevo reservando una parte de nuestra energía mental para el auto-juicio y la denigración. Incluso sin tratar la causa de la mala autoestima, podemos usar nuestra mente consciente para estimular el estribillo de comentarios de auto-juicio interno que mantenemos acerca de nosotros mismos/as. Con la auto-confianza creciente desarrollada por el primer ejercicio, te será mucho más fácil centrarte en pensamientos positivos y para liberar de nuestra mente subconsciente una parte de los condicionamientos limitantes negativos.

Mientras estás trabajando para cambiar tu actitud hacia la vida, estás invitado/a a prestar atención a la forma en que te expresas, y a la forma en que percibes la vida. ¿Te sientes más positivo/a? ¿Te sientes más negativo/a? ¿Juegas un juego del ego de ser la víctima de lo que te pasa? ¿Retienes culpa no resuelta que te lleva a creer que no mereces el esfuerzo?

Si bien no es el objetivo de este libro proporcionar terapia emocional, se te anima a trabajar en perdonarte a ti mismo/a por cualquiera emoción de culpa que guardes dentro de ti. La culpa influye negativamente en tu sentido de autoestima, y no tiene otro objetivo que no sea tu propia destrucción.

Haz todo lo que puedas para mantener una actitud positiva hacia la vida. Utiliza la mala suerte y los fracasos para centrarte en mejorarte, convirtiéndolos en dispositivos positivos que te den combustible.

Si tiendes a quejarte de todo, trata de contenerte de perder esta preciosa energía, y céntrate en apreciar lo que tienes.

La Técnica

El concepto de autoestima será reprogramado lentamente pero de forma segura en tus procesos de pensamiento a medida que practicas la siguiente técnica. No te vayas abajo cuando veas una falta de resultados después de sólo unas pocas prácticas de la técnica. Mantén tu determinación y perseverancia con ánimo, cree en ti mismo/a.

El Concepto

El concepto mental a reflexionar será acerca de merecer felicidad. De esta forma, te repites a ti mismo/a afirmaciones positivas como:

- Me merezco ser feliz.
- Soy positivamente poderoso/a.
- Estoy completo/a cuando estoy feliz.
- Soy un ser completo.

Repite estas afirmaciones en tu mente hasta que el concepto "no-redactado" de la felicidad y de integridad lo puedas tener en cuenta, sin el uso de una referencia redactada, aunque no sientas realmente la emoción de la felicidad.

Posición de las Manos

Entrelaza todos los dedos, con la punta de cada dedo presionando en la raíz del dedo de enfrente.

Con todos los dedos unidos, estás afirmando que eres un ser completo, donde todos los componentes trabajan juntos. No falta nada.

La Expresión Hablada

La expresión hablada asociada a la quinta técnica es la continuidad de la afirmación anterior: "Estoy completo/a", inspirada en el kanji KAI 皆. Una vez más, cuando pronuncias en voz alta o en silencio "yo estoy completo/a", no debes tratar de definir quién eres, sino simplemente dejar que el sentimiento conceptual de Ser y de la integridad te llenen de una manera relajada y positiva.

Mantra en Sánscrito: Om namah samanta vajranam ham

Punto de Enfoque

Nos centraremos en el corazón, el centro físico de la autoestima.

La Visualización Mental

La luz amarilla-dorada desarrollada en la tercera y cuarta técnica llenará tu corazón con amabilidad. También debes de visualizar una esfera que aparece alrededor de todo tu cuerpo, brillando con energía azul irradiando.

A medida que practiques este quinto paso, recuerda todas las otras técnicas recordándote que confías en ti mismo/a más y más cada día. Eres responsable de tus acciones y tienes los medios para cambiar tu vida. Estás aceptando pacíficamente quien eres ahora, mientras que también te centras en cambiar tu vida para mejor. Estás auto-empoderado/a, fuerte y a la vez tranquilo/a. Lo vales; te mereces ser feliz, como un ser completo.

Los pasos restantes, del 6 al 9, se harán más y más abstractos a medida que avanzamos. Ellos trabajarán en tu mente subconsciente para liberar los procesos mentales que dificultan tu auto-empoderamiento completo. Éstos contienen muchas menos explicaciones y serán un gran apoyo para lo que hayas desarrollado hasta ahora.

Para obtener más información acerca de estos pasos, es necesario que te impliques en un camino espiritual. Ya sea guiado/a por un maestro competente, o viajado por tu cuenta, tiene que haber un camino espiritual consciente, no obstante. Debe haber también un proceso espiritual serio, con determinación en la práctica de la técnica. Sin la práctica, todas las técnicas espirituales son simplemente divertidas conocerlas, y no entregarán ningún fruto. El conocimiento es esencial, pero sólo la experiencia traerá sabiduría. La experiencia requiere práctica. No puedes pensar en experiencias, sólo puedes experimentar experiencias.

Conozco personalmente a alguien que dice que nunca hizo ninguna de las prácticas espirituales, y experimentó altos estados de bendición espiritual, pero pasó un tiempo todos los días mirándose a sí mismo. Todos los días, se tomaba tiempo para reflexionar sobre su experiencia, respirar en su carga emocional, y observar a su ego/mente en el trabajo. Esto no parece ser una práctica espiritual, pero la introspección es una práctica espiritual eficiente. Será conveniente ampliar tu percepción de lo que es una práctica espiritual, y la espiritualidad como un todo.

Paso 6: Comprensión
Intensificando los Procesos Mentales

Las cosas no son siempre lo que parecen, y, a veces simplemente no las entendemos como son. El concepto de esta técnica es dejar ir los límites que tenemos sobre la forma en que tenemos de pensar. Cuanto más practiques este paso de la técnica, mejor entenderás el funcionamiento sutil de la naturaleza. Tu mente intelectual también será más eficiente en cualquier tipo de entendimiento.

La Técnica

Esta técnica tiene como objetivo desarrollar la fluidez y eficiencia de los procesos mentales que gestionan nuestra capacidad de comprender y expresar ideas.

El Concepto
El concepto mental a ser reflexionado:
- Mi mente es libre.
- Mi mente está clara.

La Posición de las Manos

Entrelaza todos tus dedos, con las yemas de los dedos en el interior, cada una de ellas tocando las puntas de los dedos equivalentes de los dedos de la otra mano, si es posible.

Con todos los dedos unidos dentro de las manos, tratamos de acceder a los enlaces que hacemos dentro de nuestra mente.

La Expresión Hablada

La expresión hablada es: "Entiendo", inspirada en el kanji JIN 陣. La completa idea de la comprensión no se limita al cómputo intelectual. No hay mucho que decir en este nivel introductorio. Descubriremos más sobre JIN en los estudios de Kuji-In avanzado.

Mantra en Sánscrito: Om agnaya yanmaya swaha

Punto de Enfoque

Nos centraremos en la base de la garganta.

La Visualización Mental

Céntrate en una esfera azul alrededor de todo tu cuerpo, brillando con energía azul irradiando.

Paso 7: Percepción
Mejorando la Percepción

Las cosas no son siempre lo que parecen, y a veces simplemente no las percibimos como son. El concepto de esta técnica es dejar ir los límites que tenemos sobre nuestra percepción del mundo. No es obvio entender este concepto a nivel intelectual. Para comprender mejor el fenómeno de la percepción, te recomendamos que leas "Amplia tu percepción"(Broaden Your Perception), escrito por Simon Lacouline, ISBN 978-1926659039.

La Técnica

Esta técnica tiene como objetivo desarrollar tu disposición de percibir las cosas desde más de un ángulo a la vez.

El Concepto

El concepto mental a reflexionar:
- Mis ojos son libres.
- Mis oídos son libres.
- Mi percepción es libre.

La Posición de las Manos

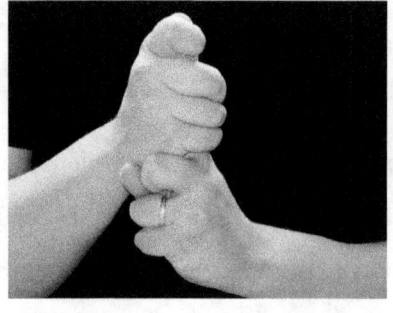 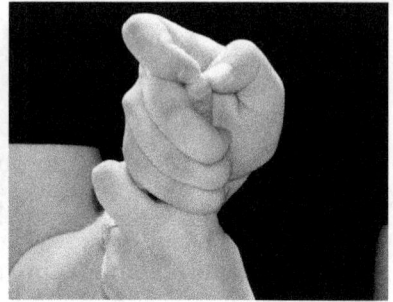

Apunta con tu dedo índice izquierdo hacia arriba. Envuelve los dedos de tu mano derecha alrededor de tu dedo índice izquierdo. Coloca la punta de tu dedo pulgar derecho y del dedo índice derecho en contacto con la punta de tu dedo índice izquierdo. Los dedos de tu mano izquierda están recogidos en un puño. Esta postura de las manos conecta varios puntos de presión relacionados con la visión, la percepción y los procesos mentales.

La Expresión Hablada

La expresión hablada es: "Muchos niveles", inspirada en el kanji RETSU 列. Este kanji significa "dimensión" o "división".

Mantra en Sánscrito: Om jyota-hi chandoga jiva tay swaha

Punto de Enfoque

Céntrate en el hueso puntiagudo en la base posterior de tu cráneo.

La Visualización Mental

La esfera azul alrededor de tu cuerpo se vuelve blanca, y se divide en dos esferas, donde una se hace más ancha alrededor de tu cuerpo, mientras que la otra se hace más pequeña para adaptarse a la forma de tu cuerpo.

Paso 8: Creatividad
Estimulando la Creatividad

Nuestra creatividad depende de nuestra habilidad de imaginar nuevos conceptos que no adquirimos anteriormente por medios intelectuales. La creatividad no se limita a las competencias artísticas. Nuestra creatividad es útil en cualquier tipo de proceso de deducción. Es útil cuando se toman las decisiones que afectan a toda nuestra vida, o en un nivel menos dramático, nos ayuda a elegir cuál es el producto más adecuado a nuestras necesidades, o en pequeñas cosas como deducir el mejor camino para ir a alguna parte.

Muchas partes del cerebro están implicadas en el proceso de la creatividad. Este paso de la técnica ayuda a las diferentes partes de tu cerebro a trabajar juntas en armonía, para ofrecer una mayor creatividad.

La Técnica

Esta técnica tiene como objetivo desarrollar tu creatividad.

El Concepto

El concepto mental a reflexionar:
- Soy creativo/a.
- Mi imaginación es libre.

Posición de las Manos

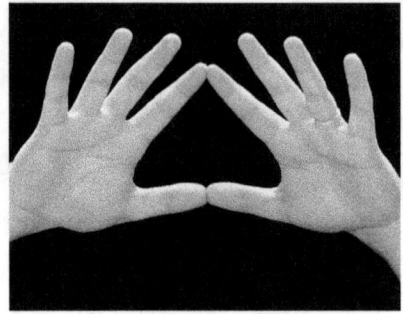

Toca las puntas de tus dedos pulgares y de los índices para formar un triángulo, mientras que tus otros dedos se separan hacia fuera.

La Expresión Hablada

La expresión hablada es: "Todo, en todas partes", inspirada en el kanji ZAI 在.

El mantra en Sánscrito: Om srija iva rutaya swaha

El Punto de Enfoque

Focalízate en el centro de la frente, en la parte superior del puente de la nariz.

La Visualización Mental

Todo se vuelve blanco, en todas partes.

Paso 9: Paz
Conviértete en Paz

El paso más abstracto y simple de la técnica consiste en una relajación final al final de todo el proceso. Este paso de la técnica hará más que relajarte. Mantendrá tu sistema nervioso sano, lo que tendrá un impacto en la totalidad de tu ser.

La Técnica

Esta técnica tiene como objetivo convertirte en paz. Trata de relajarte lo más posible. Si pierdes la consciencia durante este paso, es completamente aceptable. En este caso, no te vas a dormir, pero tu sistema nervioso entra en un estado que llamamos trascendencia.

El concepto

El concepto mental a reflexionar:
- Todo es simple.
- Todo es perfecto.

La Posición de las Manos

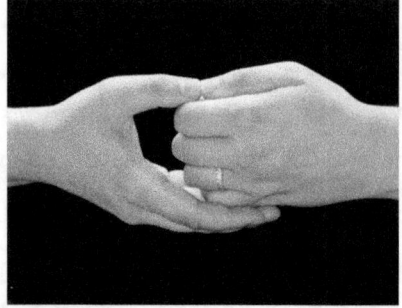

Descansa tus nudillos izquierdos sobre los dedos de la mano derecha, con la palma de la mano derecha abierta. Toca las puntas de tus dos pulgares suavemente.

La Expresión hablada

La expresión hablada es: "Perfección", inspirada en el kanji ZEN 前.

El Mantra en Sánscrito: Om arapacana dhi

El Punto de Enfoque

Céntrate en toda la parte superior de tu cabeza.

La Visualización Mental

Ahora que todo es de color blanco, suavemente dejar ir cualquier visualización.

Conclusión

Autorrealización

El auto-empoderamiento no es simplemente la sensación de un viaje de poder. Es un verdadero paso adelante en tu desarrollo personal. Debería de ser utilizado con el único propósito de ser mejor en todo lo que haces. Tómate algún tiempo, cada día, para hacer esta maravillosa técnica, y vas a mejorar tu experiencia humana en todo su conjunto. No tengas miedo de enfrentarte a ti mismo/a y de cambiar tu actitud.

Ahora que has pasado por todos los pasos de la técnica, aprendiéndolos uno por uno, trata de aplicar cada paso de una sola vez, cada uno durante unos minutos. Si hay un aspecto de la técnica que desees desarrollar más, sólo tienes que pasar más tiempo en esta técnica y menos en las otras. Sin embargo, debido a que cada técnica está relacionada con la anterior, es importante para cualquiera de las técnicas a trabajar que todas ellas sean practicadas, aunque sea por un pequeño rato.

Buena suerte con tu práctica. Si alguna vez tienes alguna pregunta, por favor siéntete libre de navegar por nuestro sitio web en www.kujiin.com, y contacta aquí con maestros certificados.

MahaVajra

Kuji-In para Todos

Un entrenamiento Espiritual Antiguo
Adaptado a nuestro Mundo Moderno

F.Lepine Publishing

© François Lépine, 2006
ISBN: 978-1-926659-30-5

www.KUJIIN.com

www.ingramcontent.com/pod-product-compliance
Lightning Source LLC
LaVergne TN
LVHW020938090426
835512LV00020B/3421